mes premiers ateliers Montessori

Écrit par Sophie Tovagliari
Illustré par Susana Gurrea

9782401057548
W0110657

Le coffret poster à manipuler de la nature

Les activités de ce coffret ont été pensées pour faire découvrir la nature à votre enfant. Comprendre la nature et le monde qui l'entoure lui permet d'y trouver sa place et de grandir en confiance. Entre 3 et 6 ans, l'esprit de l'enfant est comparable à une éponge qui absorbe tout. C'est donc le moment idéal pour **qu'il prenne connaissance de la richesse de notre planète afin d'apprendre à respecter la nature, les autres et lui-même**.
Nous vous proposons de partir à la découverte du monde vivant à travers **le rythme des saisons et les changements qui en découlent** : la météo, les végétaux (fruits, légumes et fleurs) et les comportements des animaux.

CONTENU DE LA BOITE

- **Un poster** : au recto, un jardin potager qui évolue au fil des saisons, et au verso, le jardin à compléter avec les autocollants ;
- **54 autocollants** en silicone, repositionnables à l'infini ;
- Un livret présentant **différentes activités progressives** à faire avec l'enfant.

PRÉPARATION

Allez chercher la boite de jeu avec votre enfant et installez-vous sur un tapis ou à une table.
Placez-vous à sa droite s'il est droitier, à sa gauche s'il est gaucher.

Il est fortement conseillé de proposer les activités à votre enfant dans l'ordre indiqué afin de respecter la progression telle qu'elle est enseignée dans la pédagogie Montessori.
Gardez en tête que chaque nouvelle notion doit être assimilée par votre enfant **tout en respectant son rythme d'apprentissage**. Prenez votre temps, n'allez pas trop vite. Votre enfant peut facilement jouer à une même activité pendant plusieurs semaines, sans s'en lasser.

ACTIVITÉS PROGRESSIVES

Pour commencer, il est important que votre enfant comprenne à quoi correspond une saison, qu'il y en a quatre dans une année et que chacune est associée à des mois correspondant eux-mêmes à une météorologie particulière. C'est ce que proposent les deux premières activités de ce coffret.

Activité n° 1 : Présenter le poster

Dans un premier temps, expliquez à votre enfant que durant l'année, la météo change et la nature évolue. Pour cela, aidez-vous de la roue des saisons que vous aurez préalablement construite avec votre enfant (page 11).

- Expliquez-lui tout d'abord que le disque représente une année (la période entre deux anniversaires !).
- Faites-lui ensuite remarquer que le disque est divisé en quatre parties de couleurs différentes car il y a quatre saisons dans une année.
- Nommez chaque saison en montrant les changements sur l'arbre. Dites par exemple : « *Regarde, en hiver, quand il fait froid, le cerisier n'a plus de feuilles.* »
- Ensuite, nommez les mois correspondant à chaque saison en déplaçant la flèche. Vous pouvez aussi demander à votre enfant de trouver à quelle saison il est né.

Dans un second temps, vous allez faire découvrir le poster à votre enfant.

- Faites-lui tout d'abord remarquer qu'on retrouve les mêmes couleurs sur la roue et sur les bords du poster. Il comprendra ainsi que la nature est illustrée sur le poster au fil des saisons.
- Faites-lui ensuite chercher les différences entre les saisons, en faisant le lien avec la météo.

Par exemple :
– On ne voit pas beaucoup de vert en **hiver**. À cause du froid, la plupart des plantes sont mortes et l'arbre a perdu ses feuilles. Les insectes ont disparu (certains sont morts, d'autres se sont mis à l'abri), le hérisson hiberne.
– Au **printemps**, la température remonte et la vie reprend ! On peut observer les premières fleurs, le feuillage de l'arbre repousse, les oiseaux font leur nid, les insectes ressortent, le hérisson se réveille et s'accouple. On commence à récolter des fruits et des légumes dans le potager.
– L'**été** est la période la plus chaude de l'année. C'est à ce moment-là qu'il y a le plus de fruits et que les animaux ont des petits.
– À l'**automne**, la température commence à baisser et les jours raccourcissent. La nature prend de nouvelles couleurs pouvant aller du jaune au marron en passant par le rouge. L'écureuil fait des réserves de nourriture pour l'hiver, les insectes se cachent, certains oiseaux comme l'hirondelle quittent le pays pour passer la saison froide dans des pays plus chauds (cela s'appelle la migration).

Activité n° 2 : Apprendre avec le tableau des quatre saisons

Grâce à cette activité, votre enfant va découvrir le **cycle annuel** d'un mammifère (hérisson), d'un oiseau (hirondelle) et d'un arbre fruitier (cerisier). Pour cela :

- Découpez au préalable le tableau des saisons ainsi que les douze images des différents cycles annuels des animaux et végétaux aux pages 13 et 15. Placez-les devant vous, le tableau d'un côté, les cartes de l'autre.
- Regroupez les images d'un même cycle, par exemple les quatre cerisiers.
- Nommez les quatre saisons et pointez-les sur le tableau.
- Placez chaque élément du cycle sous la bonne saison.
- Une fois le premier cycle terminé, retirez les quatre images et faites de même avec les deux autres cycles.
- Puis laissez votre enfant faire l'activité seul.
- L'autocorrection se fait grâce à la couleur de fond des images, identique à celle de la saison correspondante.

Activité n° 3 : Apprendre le nom des saisons avec une leçon en trois temps

Une fois que votre enfant a bien compris que l'année était divisée en quatre saisons, vous pouvez lui apprendre le nom de chacune, grâce au poster et à une **leçon en trois temps**.

La leçon en trois temps est utilisée dans la pédagogie Montessori à chaque fois qu'un nouveau concept est introduit. Elle permet un apprentissage des choses trois par trois, par exemple ici le nom des saisons.
Prenons l'exemple de l'hiver, du printemps et de l'été pour en illustrer le déroulement.
Notez qu'il est important de ne citer que les mots à apprendre, sans leur article.
Vous pouvez dire : « *Aujourd'hui, je vais te présenter hiver, printemps, été.* »

Temps 1 : *Le temps de la connaissance*

Ce premier temps est destiné à introduire le vocabulaire.

- Placez le poster devant vous.
- Prononcez le nom de chaque saison en la pointant avec l'index sur le poster : « *C'est hiver, c'est printemps, c'est été.* »
- Recommencez plusieurs fois en changeant l'ordre dans lequel vous montrez les différentes parties du poster.

Temps 2 : *Le temps de la reconnaissance*

Ce deuxième temps doit être le plus long des trois.

- Demandez-lui : « *Montre-moi hiver* », puis « *Montre-moi printemps* », et enfin « *Montre-moi été.* »
- Si votre enfant se trompe, corrigez-le.
- Continuez en variant les demandes et en changeant l'ordre des saisons : « *Touche été sur le poster* », « *Cache hiver avec tes mains* », « *Entoure printemps avec ton doigt* », etc.

Temps 3 : *Le temps de la vérification*

- Isolez trois des quatre saisons sur le poster pour n'en laisser qu'une seule apparente, par exemple l'été.
- Pointez-la du doigt et demandez-lui : « *Qu'est-ce que c'est ?* »
- Faites de même avec le printemps puis avec l'hiver.

Un autre jour, avant de passer à la quatrième saison, assurez-vous que votre enfant a bien mémorisé celles vues précédemment. Vous pouvez lui demander par exemple : « *Tu te souviens ? Hier nous avons vu hiver, printemps et été.* » Si ce n'est pas le cas, reprenez la ou les saisons non acquises et ajoutez la dernière de manière à toujours en avoir trois à présenter.

Activité n° 4 : Mettre en paires les noms des saisons

Proposez à votre enfant une activité de mise en paires sur le poster en utilisant les autocollants sur lesquels sont écrits les noms des saisons.

- Placez les quatre autocollants devant vous, et positionnez chacun sous le nom de la saison correspondante sur le poster, en la nommant.
- Une fois les quatre autocollants placés, retirez-les du poster.
- Demandez maintenant à votre enfant de refaire l'activité seul.

Activité n° 5 : Apprendre les différents éléments de la nature avec une leçon en trois temps

Afin de pouvoir utiliser correctement les autocollants représentant les animaux, les fruits, les légumes et les fleurs, il faut vous assurer que votre enfant connait le nom de chacun.

- Placez tous les autocollants devant vous et prenez-les un par un en demandant à votre enfant ce que c'est.
- Mettez de côté tous ceux qu'il ne connait pas pour ensuite lui apprendre leur nom grâce aux **leçons en trois temps**.
- Choisissez trois autocollants appartenant à la même catégorie, par exemple trois mammifères, et faites une leçon en trois temps telle qu'elle est présentée page 4.

Activité n° 6 : Mettre en paires les éléments de la nature

- Placez devant vous le poster du côté où sont inscrits les noms des saisons ainsi que tous les autocollants.
- Prenez un premier autocollant, nommez-le et cherchez son illustration sur le poster.
- Placez l'autocollant sur l'illustration du poster.
- Proposez à votre enfant de continuer l'activité en plaçant tous les autocollants aux bons endroits sur le poster. Rappelez-lui de nommer chaque autocollant

en le prenant, cela vous permettra de vous assurer qu'il a retenu tous les noms appris précédemment.

- Attention ! Certains animaux sont illustrés plusieurs fois sur le poster. Amusez-vous à chercher avec votre enfant toutes les représentations de chaque animal. Puis laissez-le placer son autocollant sur celle qu'il souhaite. Faites-lui remarquer que certains animaux sont présents à toutes les saisons alors que d'autres disparaissent lorsque le froid arrive (ils se mettent à l'abri ou meurent).

Activité n° 7 : Compléter le poster avec les autocollants

- Observez d'abord ensemble le côté du poster où sont inscrits les noms des saisons. Repérez-y les différents éléments des autocollants et nommez-les à chaque fois.
- Retournez maintenant le poster du côté où les noms des saisons ne sont pas inscrits.
- Montrez-lui ensuite où positionner chaque autocollant, puis laissez-le faire l'activité seul. Attention ! Veillez à ne placer qu'une catégorie d'autocollants à la fois. Votre enfant fera ainsi bien la différence entre les animaux, les fruits, les légumes et les fleurs.
- L'autocorrection se fait à l'aide de la couleur de fond de l'autocollant qui est identique à celle de la saison correspondante. Les autocollants des animaux n'ont pas de couleur de fond puisqu'on peut les rencontrer à plusieurs saisons. Si votre enfant a un doute, il peut retourner le poster pour vérifier les emplacements des animaux.

Activité n° 8 : Classifier pour consolider

Les cinq tableaux suivants permettent de classifier tous les autocollants relatifs à la nature. **La classification est très utilisée dans la pédagogie Montessori. Elle permet à l'enfant de structurer son esprit et d'apprendre ainsi plus facilement.**

- Invitez tout d'abord votre enfant à choisir une catégorie, à la nommer, puis à chercher tous les autocollants qui la composent.
- Proposez-lui ensuite de placer les autocollants dans le tableau.
- L'autocorrection se trouve au dos de chaque tableau.

LES TABLEAUX DE CLASSIFICATION

Les végétaux

Fruits				

Légumes					

Fleurs			

Les végétaux (autocorrection)

Fruits

 cerises	 fraise	 framboise	 kaki	 mandarine
 melon	 pomme	 prune	 raisin	 rhubarbe

Nous avons distingué fruits et légumes selon le sens commun (culinaire) et non botanique.

Légumes

 artichaut	 asperge	 aubergine	 betterave	 châtaigne	 chou
 citrouille	 courgette	 endive	 haricot vert	 laitue	 panais
 petit pois	 poireau	 poivron	 radis	 rutabaga	 tomate

Fleurs

 chrysanthème	 cyclamen	 houx	 jonquille
 lavande	 lilas	 lis	 rose de Noël

Les boules rouges du houx sont des fruits non comestibles mais nous avons classé cette plante parmi les fleurs pour ses qualités ornementales.

Les animaux

Les animaux peuvent être classés en deux grands groupes.

• Ceux qui ont un squelette et qu'on appelle les **vertébrés** :

Vertébrés			
Mammifères			
Oiseaux			
Reptile et amphibien			

• Ceux qui n'ont pas de squelette et qu'on appelle les **invertébrés** :

Invertébrés				
Insectes				
Mollusque et annélide				

Les animaux (autocorrection)

Vertébrés			
Mammifères	 écureuil	 hérisson	 taupe
Oiseaux	 mésange bleue	 moineau	 rouge-gorge
Reptile et amphibien	 grenouille	 lézard	

Invertébrés				
Insectes	 abeille	 coccinelle	 fourmi	 papillon
Mollusque et annélide	 escargot	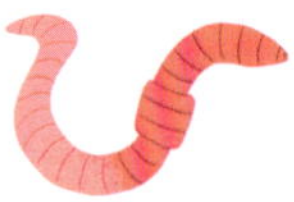 lombric		

LA ROUE DES SAISONS

Découpez le disque ainsi que la flèche afin de construire la roue des saisons utilisée pour l'activité n° 1 page 2. Pour un usage plus durable, nous vous conseillons de plastifier les deux éléments. Percez ensuite le centre de la roue, puis fixez-y la flèche à l'aide d'une attache parisienne.

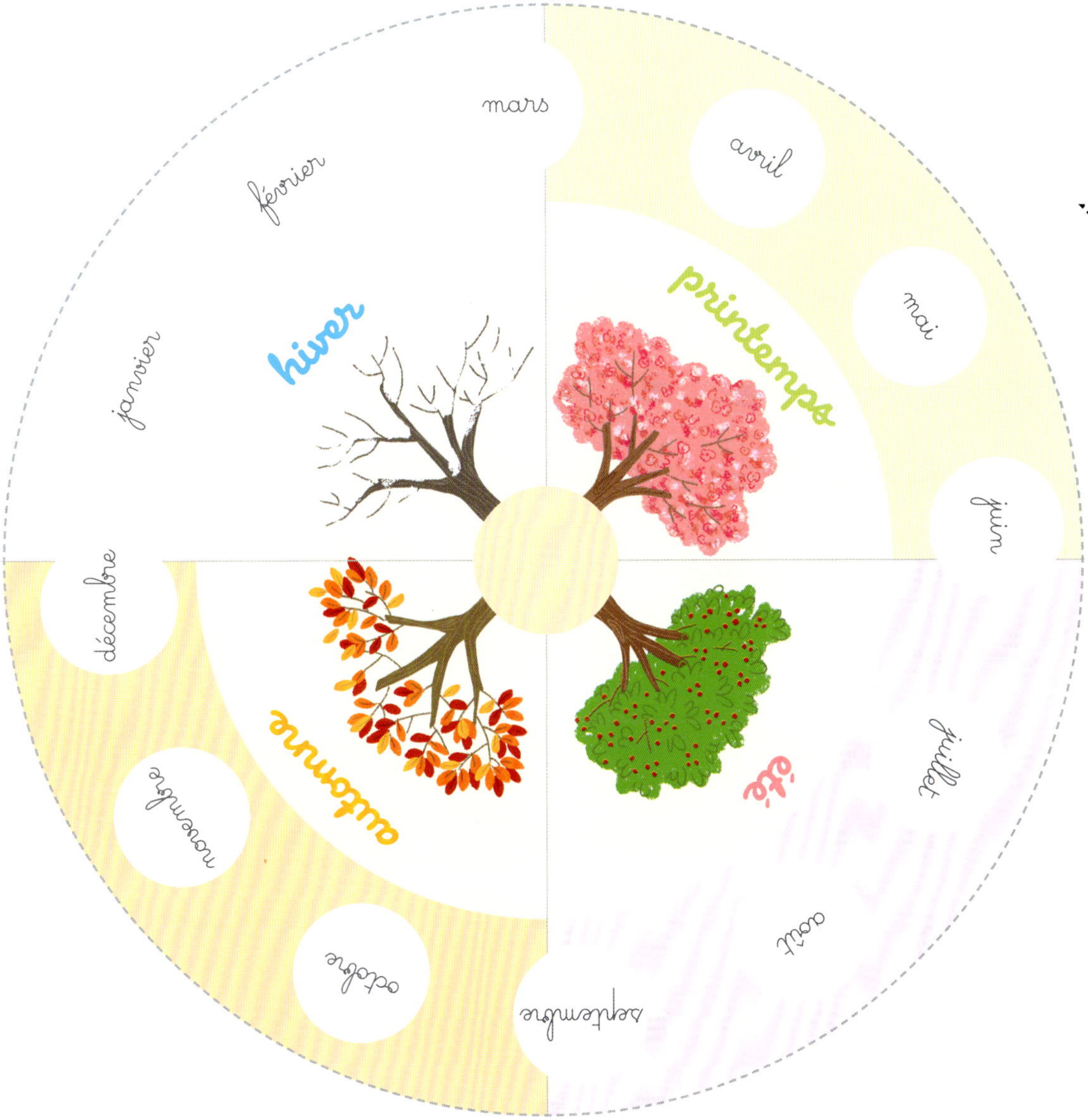

LES CARTES DE CYCLES ANNUELS

Découpez les cartes ci-dessous. Elles vont vous permettre de réaliser l'activité n° 2 page 3. Nous vous conseillons de les plastifier, elles résisteront ainsi mieux aux multiples manipulations.

LE TABLEAU DES QUATRE SAISONS

Voici un tableau à découper qui vous permettra d'ordonner les différentes cartes des cycles annuels selon la saison à laquelle elles appartiennent (activité n° 2, page 3).

 printemps	 été	 automne	 hiver

 ISBN : 978-2-401-05754-8.

Adaptation de la maquette et mise en pages : Ici & ailleurs. Édition : Marie Millet

Dépôt légal : 05754 8/01 – Août 2019.
Fabriqué en Chine par l'intermédiaire de Paper Song (info@paper-song.com).